AF562995

MÉLANGES,

OU L'ARRIVÉE DE L'ILLUSTRE LAGRANGE AUX CHAMPS ELYSÉES,

Précédée de deux chansons patriotiques, et suivie de couplets sur l'abbé Delille et de quelques autres chansons et pièces de vers épigrammatiques;

Avec cette épigraghe : *France et gloire, plaisir et gaîté.*

Par AUGUSTE HUS,

Auteur de quelques nouvelles historiques, de la VALLÉE DE MONTMORENCY, PARIS ET LONDRES, de l'OMBRE DE FÉNÉLON A MADAME DE GENLIS, des PENSÉES DIVERSES SUR LES COMÉDIENS ET LES JOURNALISTES; et de beaucoup de chansons patriotiques.

Prix : 75 centimes.

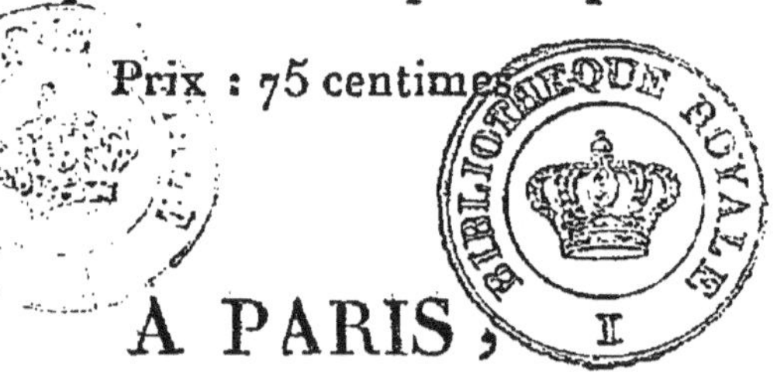

A PARIS,

Chez
DENTU, Imprimeur-libraire, au Palais-Royal;
MARTINET, Libraire, rue du Coq St.-Honoré;
DEBRAY, Libraire, rue St.-Nicaise, N°. 1;
Et MOREAUX, Imprimeur-libraire, rue St.-Honoré, N°. 315.

1813.

MÉLANGES.

POUR LA SAINT NAPOLÉON 1813,

CHANSON PATRIOTIQUE.

AIR : *Je l'ai planté, je l'ai vu naître.*

DANS la fable ou bien dans l'histoire
Chaque mortel eut un patron :
Les Français, chérissant la gloire,
Ont choisi saint NAPOLÉON.

Le Dieu *Mars* de l'antique Rome,
Minerve de l'Athénien
Reparaissent dans le grand homme
Qui règne pour faire le *bien*.

Loin des *Dieux* que nous adorâmes (*),
N'ayons dans notre Panthéon
Que le culte des grandes âmes,
Ne fêtons que NAPOLÉON.

(*) Il n'est question ici que des Dieux du paganisme.

COUPLETS

SUR LE CANON TIRÉ A PARIS, EN HONNEUR DE LA BATAILLE DE LUTZEN.

AIR : *Femmes voulez-vous éprouver.*

SALUT à ce joyeux canon !
C'est la musique de la gloire,
C'est celle de NAPOLÉON,
Car c'est l'écho de la victoire.
Nos *conscrits* savent en un jour
Inscrire leurs noms dans l'histoire :
En sortant du temple d'amour,
Ils vont au temple de mémoire.

Notre CÉSAR-NAPOLÉON
Depuis ses premières années,
Par quelque brillante action,
Sait nous consacrer ses journées.
Aimant en père les Français,
Au bien employant sa puissance,
Il répand partout des bienfaits :
Il est pour nous la *providence*.

ARRIVÉE DE L'ILLUSTRE LAGRANGE AUX CHAMPS ÉLYSÉES.

La mort frappait en même tems Lagrange et Delille. Le premier laissait en deuil le monde savant ; les muses et les graces pleuraient sur le tombeau du chantre de l'imagination. Ces deux hommes célèbres n'étaient plus, la postérité commençait pour eux. La renommée avait annoncé leur arrivée aux champs élysées, dernier et immortel asile du génie et de la vertu : Minos, Eaque et Rhadamanthe députèrent d'*Alembert* et *Voltaire* pour les recevoir. Lagrange, tenant par la main Delille, représentait l'alliance de la *raison* avec l'*imagination*, et la littérature jettant des fleurs sur la science. D'Alembert vit avec plaisir le grand géomètre qu'il avait indiqué jadis au plus fameux roi de l'histoire moderne, avant que le monde s'honorât de Napoléon le Grand ; c'est nommer *Frédéric*.

Voltaire avait applaudi aux premiers succès de *Delille*, le poète le plus brillant de l'école voltairienne, et il embrassa paternellement l'*abbé Virgile*. L'élite des mathématiciens et des poètes les entourèrent avec respect, et ils furent conduits devant les trois juges des *pâles mortels*. Minos s'adressa le premier à Lagrange, et lui demanda avec une bonté qu'il n'a pas toujours, l'histoire abrégée de sa vie. Lagrange commença ainsi : « Je naquis à Turin sous le règne de Charles Emanuel, d'une famille honnête, plus riche en vertus qu'en parchemins. La nature qui nous trace impérieusement la route que notre esprit doit suivre dans les connaissances humaines, me donna un goût très-vif pour les mathématiques ; je dévorai les livres de géométrie, comme on dévore des romans. Il y a un charme attaché à la connaissance des vérités qu'on acquiert par l'*évidence* du *calcul*, et qui est la volupté de la raison ; elle donne des jouissances que l'homme frivole ne peut apprécier. Ce qu'on fait avec plaisir, et par une vocation décidée, est ordinairement fait avec quelque talent. Les bons esprits m'encouragèrent, car il n'y a que la médiocrité qui est jalouse des succès des autres. Ils applaudirent à mes premiers travaux ; mais dans le pays où j'étais né on avait alors *peur* de la science. Les princes médiocres et leurs petits conseillers ne veulent que des hommes médiocres comme eux. Le moment n'était pas encore arrivé où le Piémont, gouverné par un grand homme, devait voir les sciences et les lettres prendre cette marche philosophique que NAPOLÉON imprime à l'esprit humain, et qui honore son vaste génie.

La cour monacale de Turin, dirigée par des ministres à petites idées et par des prêtres qui n'avaient ni la tête de *Bossuet*, ni l'âme de *Fénélon* rendait pénible l'existence des hommes qui cultivaient les sciences et les lettres avec quelques succès. Aussi on vit tour-à-tour passer dans des contrées étrangères *Carburi*, esprit philosophique et brillant comme la Grèce, sa première patrie, et qui fut persécuté parce qu'il professait la médecine avec le langage de la physique, et non avec celui de la théologie; et *Derossi*, le premier orientaliste de l'Europe, et qui, par la métaphysique des langues, arrivait à la métaphysique de l'homme. Il en fut de même des deux *Cerutti*, l'un qui possédait la philosophie d'Homère et de l'érudition classique; et l'autre, l'un des hommes qui eurent le plus d'esprit, brillant également dans les cercles et à la tribune, pouvant être Alcibiade ou Démosthène, ou plutôt *Isocrate*, à volonté. Dénina les *suivit*. Il fut trouvé encore trop philosophe par le confesseur du roi. Moi-même je me rendis à Berlin, où protégé et honoré par le gouvernement, je me livrai entièrement et avec délices à mes chères mathématiques. *Frédéric* mourut et la gloire de la Prusse s'éclipsa avec lui. Un roi faible et *illuminé* faisait déjà présager la guerre imprudente et ridiculement chevaleresque, qui fut la ruine d'une monarchie que le grand Frédéric créa comme par enchantement, et qui, ne pouvant être soutenue que par ce César de la Prusse, trouva en quelques jours son *tombeau à Jéna*. Prévoyant la marche des choses, je me transportai en France. C'était alors aller chercher le repos sur un *volcan* (*) ; mais la muse des mathématiques, comme Archimède à Syracuse, résout des problêmes au milieu du choc et du fracas des armes, et du choc des passions, plus dangereux encore. Soit que le calme des mathématiques se communique aux hommes qui seraient tentés de les troubler, soit que la France, qui était devenue un *grand camp*, et qui sentait l'utilité des sciences exactes, eût intérêt à ménager les savans qui connaissaient l'art de diriger avec succès la foudre contre l'ennemi extérieur, on respecta mes paisibles travaux, et je fus plus heureux que l'infortuné *Lavoisier*. L'orage se dissipait insensiblement. Les révolutions se détruisent heureusement elles-mêmes. Tout grand mouvement dans le monde physique et politique, comme une fièvre violente, fait place à la lassitude, et le desir du repos, qui devient général, permet au pilote habile de conduire au port le vaisseau de l'État, qui était prêt à faire naufrage. Napoléon après avoir reporté la civilisation dans son premier berceau, en *Egypte*, vint enchaîner en France l'hydre des

---

(*) En 87 les esprits commençaient à fermenter.

factions. L'humanité respira. La *raison*, que NAPOLEON, *général*, avait introduite sous la tente militaire et dans les camps, en changeant les maux de la guerre en bienfaits; la raison, dis-je, fut protégée par NAPOLÉON, consul, qui la plaça au conseil, et NAPOLÉON, Empereur, la fit asseoir sur le premier trône de l'univers, embelli encore aujourd'hui par les graces, la bienfaisance et les vertus aimables de l'auguste mère du Roi de Rome. La justice fut à l'ordre du jour dès le dix-huit brumaire, et la même main qui gagnait des batailles classiques, rédigeait un code immortel, signait la grace d'un coupable et répandait des bienfaits; faisait aussi des réglemens utiles à l'esprit humain et au culte des sciences et des muses, Les *Alexandre* veulent avoir des *Homère*, et les *Auguste* protègent les *Virgile*. NAPOLÉON, grand mathématicien lui-même, réunissant le génie d'Archimède et d'Euclide à celui de César et de Marc-Aurèle, en éclipsant Charlemagne, Henri IV et Louis XIV, me combla des marques de sa bienveillance. J'eus l'honneur de siéger avec lui à l'Institut, dont il ne dédaignait pas d'être membre. J'étais fier d'être devenu *Français*. Il me revêtit de la pourpre sénatoriale, et une vieillesse heureuse et honorée fut l'ouvrage d'un de ces souverains dont la nature est avare. Une mort douce comme le soir d'un beau jour, comme la vie de l'homme de bien, termina une carrière que j'ai taché de rendre aussi utile aux hommes que je l'ai pu». Minos dit alors : Votre récit est fidèle ; vous êtes aussi modeste que grand. J'ajouterai pour vous, que vos sublimes méditations sur les plus grands rapports que l'homme puisse saisir, vous firent partager avec l'illustre Laplace, qui dévoila les secrets du mécanisme de l'univers, le sceptre de la géométrie, la première de toutes les sciences, puisqu'elle est celle des *vérités*. La nature qui vous favorisa en tout, unit en vous le plus beau génie à la plus belle âme. On ne vous trouva pas un seul défaut. Vous ne connûtes jamais ni haîne, ni envie, ni cupidité : tout fut grand en vous. Vivant, vous étiez digne du *siècle de Napoléon* ; mort, une vie immortelle est votre partage. Le grand Newton vous attend.

COUPLETS

SUR

L'ABBÉ DELILLE.

AIR : *Ce mouchoir belle Raimonde.*

L'IMMORTEL abbé Delille
N'est point mort comme on le dit :
Il rend visite à Virgile ,
Dont il reproduit l'esprit.
Il plut au divin Homère ;
Par ses vers il l'amusa.
Il fut fêté par Voltaire :
Lebrun même l'embrassa.

Inspiré par le génie ,
Il sut charmer les Français.
Il eut embelli sa vie ,
S'il eût chanté nos succès.
Mais n'attaquons point sa gloire :
Soyons pour elle indulgents.
Sûrs de vivre dans l'histoire ,
Ne voyons que ses talents.

Delille aura pour partage
De plaire à tous les lecteurs ;
Et son nom , exempt d'outrage,
Sert de modèle aux auteurs.
D'*Anacréon* il eut l'âge;
D'*Horace* il eut la raison.
Comme *Epicure* il fut sage,
Et des *Graces* prit leçon.

ROMANCE

SUR LES QUATRE AGES

DE LA FEMME.

AIR : *Il est tems ma chère Sonnette.*

FEMME à quinze ans est une rose
Qu'on cueille au jardin de l'amour ;
Heureux le mortel qui l'arrose,
Il s'assure plus d'un beau jour.
Mais cette fleur se décolore ;
Rose perd vîte sa fraîcheur,
Lorsque de l'une à l'autre aurore
On la presse avec trop d'ardeur.

Femme à vingt ans est *fleur* éclose,
qui donnera bientôt son *fruit.*
L'amour, qui sur elle se *pose*,
veut arrêter le tems qui fuit.
Le tems se montre inexorable ;
Il ne fait point grace aux amours :
A la femme la plus aimable,
Il n'accorde que quelques jours.

Femme à trente ans est moins volage :
Elle est plus tendre en sentimens;
Et l'amour vrai vient à cet âge
embellir le cours de nos ans.
La nature toujours si sage,
Donne à chaque âge des plaisirs.
Femme a le bonheur en partage,
Quand elle borne ses desirs.

Femme à quarante ans se console :
Par l'amitié, par les talens.
La sotte seule se désole :
Femme d'esprit n'a que vingt ans.
A chaque époque de la vie,
La femme charme notre cœur.
Mère, maîtresse ou douce amie,
Elle nous fait croire au bonheur.

MON HISTOIRE.

Air : *Aussitôt que la lumière.*

Au moment de ma naissance
Accourut le fou Momus.
Il égaya mon enfance
Aux banquets du dieu Comus.
Dirigé par la folie,
J'eus pour maître le désir.
Je fis ma philosophie
Dans le jardin du plaisir.

L'amour sait par sa magie
Me rendre heureux de sa main.
Tout n'étant que comédie,
Je ris des jeux du destin.
Quelquefois un brillant rôle,
Coûte bien cher à l'acteur ;
Et souvent l'or du Pactole
Est le fruit du déshonneur.

Je jouis sans faire envie,
Sans éteindre le desir.
Ainsi s'écoule ma vie,
Qui fut un cours de plaisir.

J'ai fui la mélancolie ;
J'ai su chasser le chagrin.
Chaque jour femme jolie
Me rajeunit le matin.

Envers le sort sans rancune,
Chantant toujours la beauté,
Si j'ai manqué la fortune,
J'ai rencontré la gaîté.
Cette compagne fidèle
Conduit seule au vrai bonheur,
Car il fuit à tire d'aile,
Qui n'a pas la paix du cœur.

Mais j'abjure la folie,
Pour admirer un héros,
Dont l'infatigable vie
Nous assure le repos.
Tout Français aimant la gloire,
Les beaux arts et les amours,
Je suis fier de la victoire :
Mars, Vénus charment mes jours.

COUPLETS
SUR LE SAVOIR FAIRE.

AIR : *Tes accens divine harmonie.*

DANS le monde le *savoir faire*
Vaut mieux, dit-on, que le *savoir* ;
Et sur cette comique terre,
Partout on sait s'en prévaloir :
Le *joueur* aide la fortune ;
Plus d'un marchand fraude avec art,
Et jeune amant sait sur la brune
Profiter d'un heureux hasard.

La hausse, la baisse et barême,
Sont le Parnasse de Plutus.
Chez ce Dieu l'esprit fait carême,
Mais l'estomac fête Comus.
Si l'on voit le sot qui prospère,
Et l'homme d'esprit sans espoir,
C'est que l'un a le *savoir faire*,
Et l'autre n'a que le *savoir*.

ON voit toujours un agioteur
Ne connaître ni foi, ni honneur.
Nimox, pour une *excellente affaire*,
Vend épouse, ami, parens et père.

LA VIE DES MEMBRES DU ROCHER DE CANCALE,

CHANSON.

AIR : *Femmes voulez-vous éprouver.*

AUJOURD'HUI c'est du meilleur ton
De célébrer la gourmandise,
Et de bien manger, l'heureux don,
Est chez nous ce qu'on préconise.
Nos *Amphions* dès le matin
Du *vin* chantent la bienfaisance,
Car sans le secours du bon vin,
Tout leur esprit perd sa puissance (*).

Ils ont du talent en chanson :
Ils le puisent dans la bouteille,
Et ces gais enfans d'Apollon
En *amour* font aussi *merveille*.
De ces fous, le Dieu c'est *Piron*.
Mars leur fait chanter la victoire,
Et sectateurs d'Anacréon,
Sur des *roses* trouvent la gloire.

(*) Ceci n'est qu'une plaisanterie : les enfans du grand maître *Désaugiers* ont toujours de l'esprit.

Si vous voulez être *corsaire*
Et des dangers fuir les hasards,
Faites-vous pirate sur terre :
Rédigez le *Journal des arts* ;
Vous n'aurez ni l'or ni la gloire,
Mais force sifflets et lardons,
Et loin des lauriers de l'histoire,
Serez couronné de *chardons*.

Berlam, le *radoteur*, vient de quitter la vie.
Ce méchant, sans esprit, est mort, dit-on, d'envie;
Vrai Midas, se crut *aigle*, et ne fut qu'un *oison*,
Écrivant sur les arts en style de *maçon*.

Bonardin est un pauvre auteur (*) ;
D'un journal, petit rédacteur,
Il juge l'*esprit*, quoiqu'on *dise*
Qu'il ne se connaît qu'en *sottise*.

(*) Ceci ne concerne nullement les trois rédacteurs en chefs, hommes d'un grand mérite, ni aucun rédacteur du journal de l'Empire, dont je n'ai pas à me plaindre.

Depuis qu'au boudoir d'*Aspasie* (*),
L'Amour énivre d'Ambroisie,
Le *jadis* enfummé *Colnet*,
Il est élégant *Dameret.*
J'ai fait cette métamorphose,
C'est d'un *chardon* faire une *rose !*
Colnet, souvent mauvais plaisant,
Fait des *écrits* jouets du vent,
Et pour plaire à la galerie,
Nous nous donnons la comédie.

(*) Voir mon *Nouveau Faldoni*, et ma brochure *Pensées diverses sur les comédiens et les journalistes.*

Note nécessaire.

Si M. Colnet et le journal des arts, qui malgré leurs épigrammes, ne sont pas sans mérite, s'étaient borné à me *critiquer décemment*, je me serais rendu justice moi-même et n'aurais point récriminé ; mais comme ils s'amusent à me *nommer tous les jours* dans des articles qui ne me *concernent pas*, je m'*amuse* à mon tour d'après une *juste représaille*, et je les *prends ici bas* pour mes *menus plaisirs.* L'épigramme qui suit est dirigée contre un homme dont j'ai eu à me plaindre avant sa mort, et qui n'avait point à se plaindre de moi. Au reste, j'ai encore la délicatesse de la faire de façon qu'il n'y ait que certaine coterie de *Montmartre* qui puisse reconnaître mon héros, à qui je me serais plu à rendre justice, s'il n'avait pas été injuste à mon égard, en voulant faire le petit *Aristophane ;* car je suis le *martyr* du journal des arts, de M. Colnet et du théâtre d......... Que de gloire. . . . . Il y a de quoi en mourir . . . . de plaisir.

ÉPITAPHE.

Ci gît le pédant *Dumerus* ;
Il fit pour les marionettes
Force parades en *rébus* ,
Qui mettent les sots en goguettes.
Les gens d'esprit en ont pitié :
Un lourd *Jeannot* ne peut leur plaire .
On dédaigne son amitié ,
Et son *estime désespère* (*).

(*) Ceci n'est dirigé que contre l'*es*prit de Dumerus , et non contre sa probité.

FIN.

Imprimerie de MOREAUX , rue Saint-Honoré , n°. 315.

www.ingramcontent.com/pod-product-compliance
Lightning Source LLC
LaVergne TN
LVHW010251230826
846091LV00007B/2912

* 9 7 8 2 0 1 1 7 8 2 0 3 8 *